PENSÉES INTERDITES

Grégory Roose

PENSÉES INTERDITES

Chroniques de la France bâillonnée

Editions Adoxa

Conception graphique: Grégory Roose
Illustration : Cartographie de la région de Lille, Nord, France
Impression : *KDP Amazon*
ISBN : 9781709173141

« Il n'y a pas de nation au monde qui fasse plus pour sa ruine que la française »

- Charles Quint

Sommaire

INTRODUCTION

La France est désormais un simulacre de démocratie dans lequel la liberté d'expression n'est plus encadrée par le préambule de notre Constitution, qui prévoit que tout citoyen peut parler, écrire, imprimer librement, mais par un cadre moral fixé par des lois idéologiques et mémorielles votées par une représentation nationale qui n'en porte plus que le nom.

Dans ce contexte d'interdiction moralisatrice de critiquer, la société française subit pourtant des changements radicaux : dictature des minorités, justice devenue partiale, médias militants, indignation à géométrie variable des responsables politiques, et surtout immigration et islamisation galopantes, insupportablement niées par les gardiens de la doxa. Théorie du genre, grossophobie, islamophobie, « haine » sur internet, homophobie, racisme, sexisme, LGBT(azerty)phobie et même glottophobie (sic), il existe autant d'interdictions moralisatrices d'exprimer une opinion sur des faits de société que de provocations incitant à exercer son sens critique.

Dictature des minorités

Les grands médias semblent se complaire à sur-représenter les exigences de minorités en tout genre et de nombreuses associations qui souvent ne représentent qu'elles-mêmes : végans féministes, collectifs de cisgenres et non-binaires et autres associations de défense des minorités autoproclamées « victime » de quelqu'un. Le traitement médiatique de ces revendicateurs acharnés est un véritable tour de force qui consiste à présenter la réclamation de l'ultra-minorité comme la future norme sociétale contre laquelle il serait rétrograde et sectaire de s’opposer. Ces comportements souvent asociaux sont ainsi présentés comme des revendications légitimes participant à la genèse d'une société plus « inclusive et respectueuse des droits de l'homme » pour paraphraser un verbiage désormais commun.

L’ultra-minorité ainsi médiatisée ringardise la normalité au point de donner à ce mot, normalité, une connotation négative, excluante. Au nom de l’égalitarisme dogmatique, plus rien ne doit être normal, mais tout doit le devenir. Pis, la critique des exigences minoritaires provoque inévitablement des procès en *-isme* et le risque de bannissement social voire le harcèlement médiatique contre lesquels presque personne n’ose s’élever autrement que timidement, par crainte de subir le même traitement.

Médiacratie, ou la tentation du monopole de l'information

Notre liberté d'expression se désagrège aussi promptement que les moyens dont dispose le citoyen lambda pour diffuser ses idées se développent. Il peut en effet paraître paradoxal d'affirmer que la liberté d'expression des Français est bâillonnée dans un contexte d'explosion des moyens de communication et d'information : l'avènement d'internet, des réseaux sociaux, la démultiplication des chaînes de télévision, de radios et de médias alternatifs rendent assez peu crédible cette thèse. Tout est cependant question de contrôle et de concentration du pouvoir. Le pluralisme de la presse française n'est qu'une apparence. La grande majorité des titres de presse diffusés en France sont la propriété des quelques grands industriels, souvent milliardaires. Cette sur-concentration de la propriété des médias français pose un véritable problème dont l'enjeu est l'indépendance de l'information et, in fine, de la liberté d'expression qui en découle. En effet, si chacun est libre de s'exprimer dans les limites de nombreuses lois au fondement idéologique, l'accès à ces médias de masse est néanmoins restreint aux porte-paroles d'une idéologie conforme à la doxa politico-médiatique.

Heureusement, il reste les réseaux sociaux...

Circonvolutions autour de la censure

Face à ce qu'il convient de nommer « dictature de la pensée », les réseaux sociaux ont le potentiel des livres clandestins qui circulaient « sous le manteau » pendant l'Ancien Régime. Si beaucoup n'y produisent qu'un verbiage stérile en circuit fermé, c'est pourtant un outil de diffusion massive d'idées à contre-courant de la doxa médiatique. C'est pour cette raison que la censure y fait, peu à peu, son apparition.

Le 8 février 2017, Facebook annonçait la signature d'un partenariat avec huit médias français pour lutter contre les « fake news », terme abscons censé désigner les informations induisant volontairement en erreur le citoyen. Ce précédent est dangereux pour la liberté d'expression puisqu'il implique, pour appliquer cette nouvelle norme, l'existence d'une entité chargée de déterminer les informations qui doivent être considérées comme induisant volontairement le lecteur en erreur. La subjectivité d'un opérateur privé servirait donc de fondement à la censure, par substitution au contrôle législatif ?

Dans le même esprit, la loi visant à « lutter contre la haine sur internet » est une sérieuse menace pour la liberté d'expression. Le pouvoir législatif va ainsi utiliser la « haine », un sentiment, comme fondement juridique pour limiter la liberté d'expression. Parallèlement, le pouvoir judiciaire a utilisé la « fraternité », un sentiment, pour tolérer l'aide illégale aux immigrés clandestins et lever ainsi le « délit de solidarité », expression inventée par les associations immigrationnistes pour justifier leur interprétation toute personnelle de la préservation de l'intérêt général.

La France demeure-t-elle un État de droit dans laquelle la critique de l'immigration et de l'islam n'est pas soumise à un nouveau délit de blasphème ? Cette circonvolution inquiétante autour de la censure fait craindre une accélération des atteintes à la liberté d'expression.

La France baîllonnée

Ainsi, la France est-elle baîllonnée. Ses censeurs ? Ce sont les lois mémorielles imposées aux Français pour les faire culpabiliser de la colonisation ou de l'esclavage dont ils ne sont pas davantage coupables que ceux qui exigent un dédommagement n'en sont victimes; ce sont les sermons moralisateurs prononcés en permanence par les médias, y compris du service public, pour ostraciser le citoyen critique envers les déviances progressistes parées d'habits de vertu ; ce sont les célébrités qui accusent, depuis le confort de leur quartier dans lequel le « vivre-ensemble » qu'ils prônent se limite au « vivre-entre-soi », le Français de souche ou assimilé de refuser l'immigration massive et l'africanisation ou l'islamisation de son lieu de vie; c'est la justice qui réserve la sévérité de sa sentence aux Français sans histoires tandis qu'elle accorde sa clémence, nourrie de mièvrerie faussement anti-raciste, aux délinquants multirécidivistes. C'est un système démocratique en fin de course, protégé par un arsenal médiatique tout-puissant, qui ne doit sa survie qu'à un simulacre électoral grimé en plébiscite populaire. C'est enfin et surtout, un pays en cours d'islamisation, menacé par la submersion migratoire qui aboutira, sans changement soudain dans les prochaines années, à un changement de peuple total, définitif, irréversible qui porte le nom de « Grand Remplacement ».

Du « Grand Remplacement » au « Grand Rapatriement »

Des journalistes du monde entier, le plus souvent originaires de pays où le « Grand Remplacement » est en cours, parlent à tort et à l'excès de la « théorie du Grand Remplacement », relevant tantôt du complot tantôt de l'extrême-droite, voire du «suprématisme Blanc» (sic). Cette dernière description révèle la méconnaissance totale de ce qu'il décrit.

Ces journalistes prétendent que le « Grand Remplacement », description (extra)lucide d'un phénomène de submersion migratoire et de substitution progressive de la population européenne par une population majoritairement africaine et islamisée, est une théorie et que des tueurs comme ceux d’El Paso et de Christchurch ont commis des horreurs en son nom. Ce raccourci est dangereux, car il travestit la réalité et masque une inquiétante contradiction : ils n'admettront jamais qu’en l’occurrence, bien d’autres ont tué au nom d'une véritable théorie, l’islam.

Faire porter à Renaud Camus la responsabilité de son axiome, qu’il conviendrait de transformer en théorème, et des funestes conséquences qui en découlent révèle la partialité, la lâcheté morale et intellectuelle de ses accusateurs qui, en inversant le réel, s’acharnent à aveugler l’opinion pour mieux la faire taire.

Le Grand Remplacement n'est pas une théorie. C'est un phénomène, un processus que quiconque doté de sens critique, de bon sens ou à défaut de bons yeux peut constater. La France, ainsi que d'autres pays européens sont victimes de cette intrusion interethnique, culturelle et religieuse qui a pour conséquence de mettre en danger la civilisation occidentale.

Cinquante ans de politique migratoire permissive, laxiste ont accéléré ce processus de remplacement. Ralentir l'immigration repousserait l'échéance de notre disparition en tant que peuple. L'arrêter la reporterait encore davantage, mais interromprait pas ses effets : une grande partie des seconde et troisième générations d'immigrés reproduit un schéma religieux, culturel et sociétal allogène, avec un taux de fécondité supérieur à celui des Français. L'inverser, voici donc notre seul salut.

Le « Grand Rapatriement », c'est-à-dire le renvoi de ces populations dans leur patrie d'origine est donc le seul antidote sérieux aux conséquences de l'immigration massive. Cette réponse ferme au Grand Remplacement ne doit néanmoins pas être se faire dans le sang. Répondre à l'insidieuse cruauté du changement de population par l' horreur d'un conflit armé, c'est agir contre l'humanité.

Le« Grand Rapatriement » n'est pas un exode organisé. Ce n'est pas une déportation aveugle ni arbitraire d'un groupe d'individus « sur le fondement de son origine, de son sexe, de sa situation de famille, de sa grossesse, de son apparence physique, de la particulière vulnérabilité résultant de sa situation économique, apparente ou connue de son auteur, de son patronyme, de son lieu de résidence ou de sa domiciliation bancaire, de son état de santé, de sa perte d'autonomie, de son handicap, de ses caractéristiques génétiques, de ses mœurs, de son orientation sexuelle, de son identité de genre, de son âge, de ses opinions politiques, de ses activités syndicales, de sa capacité à s'exprimer dans une langue autre que le français, de son appartenance ou de sa non-appartenance, vraie ou supposée, à une ethnie, une nation, une prétendue race ou une religion déterminée » pour reprendre l'ahurissante litanie anti-raciste et communautariste érigée en loi de la république. Le « Grand Rapatriement » n'est pas une menace pour les Français d'origine extra-européenne qui placent la France devant leur religion et leur origine, qui ont su embrasser la France, son histoire, ses coutumes, ses traditions et se fondre dans son peuple en perpétuant une tradition deux fois millénaire d'assimilation, tant que celle-ci se produisait dans des proportions congrues.

Le « Grand Rapatriement » doit être la conséquence opérationnelle d'une rupture de contrat entre un peuple autochtone et des fragments de peuples exogènes et dissidents.

Le « Grand Rapatriement », c'est la paix pour tous, le seul et unique moyen d'éviter la guerre qui couve sur notre sol.

DYSTOPIE PROGRESSISTE

Ces mots de Chateaubriand sur les progressistes sont d'une troublante modernité : « Ils désirent l'abaissement de tout ce qui est au-dessus d'eux. Ils accepteraient demain le despotisme, pourvu que ce fût avec l'égalité. Leur amour de la liberté, c'est de la haine et de l'envie ».

Mai 68 et autres pathologies cousines

Les progressistes sont des individus en grande souffrance psychologique : ils parlent de personnes « racisées » mais réfutent l'existence des races tout en combattant le racisme.

•

Le gauchiste est un antisocial narcissique méprisant son propre peuple au profit d'autres peuplades auprès desquelles il pense se valoriser, ne recevant en définitive que leur apparente gratitude.

•

L'immigration massive, le foisonnement des communautarismes, l'islamisation, l'idéologie permissive de Mai 68, l'égalitarisme et la culture de l'excuse sont les principales causes de l'ensauvagement de notre société.

•

La « francophobie » endogène est la plus virulente, la plus absconse et la plus absurde des aversions. Elle trouve sa justification dans l'acceptation de l'Autre, mais elle n'aboutit, en définitive, qu'à la haine de soi portée à son apogée.

•

L'égalité entre les hommes n'existe pas. Ce fantasme de gauche est à la base des politiques sociétales de nos gouvernements successifs. L'égalitarisme est nocif. Il déséquilibre les rapports sociaux, brimant les uns pour victimiser les autres, même en situation d'équité.

•

Puisque désormais les « droit de l'homme » régissent tout en matière de justice, nos tribunaux devraient être fondés à déchoir les assassins en tout genre de leur humanité et desdits droits qui en découlent. Car au nom des « droits de l'homme», ils bénéficient d'une grande clémence à laquelle leur victime n'aura jamais pu prétendre.

•

La crème chantilly est une préparation culinaire raciste, colonialiste qui devrait être interdite. Pis, on l'utilise pour faire des glaces appelées « dame blanche » qui recouvrent parfois celles au chocolat noir. Cette oppression blanche est d'un insupportable racisme.

•

Après l'horreur, Oradour-sur-Glane a été sanctuarisée. Après l'horreur, le Bataclan est resté un lieu de fête et d'insouciance. La décadence, c'est peut-être cela.

•

Je propose que toutes les personnes nées en Indochine avant 1956 deviennent françaises. Comment ça, n'importe quoi ?

•

Dire que « la France, blanche et chrétienne, c'est terminé » est considéré par de nombreux médias comme une louable intervention antiraciste. À l'inverse, personne ne pourrait oser affirmer que « la France, multiethnique et musulmane, c'est pour demain » sous peine de procès, condamnation et bannissement médiatique.

•

Alors que le prétexte d'un retour du fascisme est avancé par ces petits bourgeois cagoulés, la violence extrême des « antifas » est tolérée par le pouvoir complice dont ils sont les idiots utiles.

•

En France, les véritables manifestations de racisme, de violence et d'intolérance sont tues, tolérées voire encouragées. Pourquoi ? Car elles appartiennent à l'idéologie progressiste qui pare toutes ses exactions des oripeaux de la vertu.

•

Ces enfants d'après-guerre ont imposé leurs paradigmes, leurs belles certitudes et leur ostracisme « vertueux » envers ceux qui s'opposent à leurs idées libertaires. Cette génération dorée aura égoïstement plongé dans les abîmes une société modelée à sa mesure pour « jouir sans entrave », ni responsabilités.

•

Le sarcasme bon marché de la pensée progressiste use invariablement des mêmes accusations anachroniques et bien-pensantes pour nier la submersion migratoire sur fond d'ironie pédante, mais très souvent hors-sujet.

•

L'écriture inclusive est un symbole de la dégénérescence de notre civilisation.

•

Les antifas, ces militants d'extrême gauche, combattent avec ultra-violence une société capitaliste dont ils convoitent pourtant les fruits.

•

La théorie du genre se développe autour du concept de lutte contre la prétendue « haine » des différences, propagée par l'idéologie progressiste qui voue une aversion sans limites aux traditions, à l'ordre naturel des choses. Cette théorie ne s'applique pourtant qu'à une poignée d'individus qui veut soumettre la société à la plus grande des injustices : la négation de la normalité.

•

Le régime végétalien, devenu un mode de vie et de pensée, tend à s'imposer aux autres par la violence visuelle, psychologique et parfois physique. Les végans ont inventé le fascisme alimentaire.

•

Les droits de l'homme ont mis fin à l'asservissement de ce dernier, mais sont devenus le prétexte à toutes les dérives libertaires imposées à l'homme comme étant la nouvelle normalité. La boucle est bouclée.

•

Les véritables fascistes s'autorisent toutes les violences, tous les excès avec la complaisance du pouvoir et des médias. Leur passe-droit ? Se faire appeler « antifasciste » et nommer « fasciste » tout ce qui est contraire à leur idéologie sectaire.

•

Nombre de militants LGBT(azerty) deviennent hystériques lorsqu'un hétérosexuel s'exprime au sujet leur communautarisme. Ils confondent volontairement exhibitionnisme et lutte contre les discriminations, critique du communautarisme et homophobie. Cette paresse intellectuelle leur évite de s'attarder sur leurs propres incohérences.

•

L'onanisme intellectuel du militant gauchisant l'oblige à interpréter fallacieusement les arguments de ses adversaires pour mieux valoriser sa mièvrerie blafarde qu'il érige en vertu.

•

Participer activement à la submersion migratoire de la France, c'est être antifasciste ? En réalité, ces prétendus antifas sont les fossoyeurs ingénus de notre civilisation.

•

Antifasciste, mais pas trop. Qui est capable de saccager un centre-ville, fabriquer un cocktail Molotov, vandaliser un hôpital pour enfants, vouloir la mort des flics ?

•

La gauche dite « antiraciste » racialise tous les débats, mais c'est la droite qui est régulièrement qualifiée de raciste et de réactionnaire. Cette gauche est un fléau sociétal qui doit être ringardisée au nom de l'intérêt général.

•

Pour émigrer au Panama, il faut un avocat, un travail, un casier judiciaire vierge, un compte en banque bien garni, un certificat médical, remettre un chèque de 1050 dollars pour les formalités d'admission ainsi qu'une lettre de motivation. Pour immigrer en France, il suffit d'être étranger.

•

A poil en plein pèlerinage de Lourdes, une jeune demoiselle féministe prétend mener un acte militant et artistique. Ces pseudo-artistes s'en prennent toujours à la chrétienté, jamais à l'islam. Leur « démarche artistique » s'arrête à la frontière de leur étroite zone de confort.

•

La société s'est adaptée à l'homosexualité. Elle ne doit cependant pas se soumettre aux extravagances égalitaristes des associations qui s'en réclament et qui ne représentent souvent qu'elles-mêmes.

•

Le terme « co-parentalité » voit son acception s'étendre désormais à la recherche du meilleur père ou de la meilleure mère pour son enfant sur catalogue. L'enfant n'est plus le fruit de l'amour ou du hasard ; il est l'objet d'une démarche matérielle égoïste pour satisfaire le dogme de l'égalitarisme sur fond de victimisation.

•

La théorie du genre est malmenée par une étude scientifique de l'université du Wisconsin :

- Les enfants ont tendance à jouer plus volontiers avec des jouets correspondant à leur sexe ;
- La différence des sexes n'est pas une construction sociale.

•

L'excuse du sexisme ou de la discrimination est trop souvent brandie pour esquiver une critique gênante.

Cette culture de la victimisation à outrance empêche tout débat en plaçant injustement le contradicteur dans la posture inconfortable de l'agresseur.

•

90 % de réussite au BAC ; 60 % de réussite au permis de conduire. Félicitations à tous les nouveaux conducteurs.

•

« Je ne suis pas un homme, Monsieur ». Deux incohérences dans cette phrase : comment un homme peut-il dire qu'il n'en est pas un tout en affirmant que son interlocuteur est un homme bien qu'il en ait l'apparence ?

•

45 millions d'esclaves dans le monde. Ahurissant. Que font les associations humanitaires de gauche pour combattre ce phénomène ?

•

- Comment je suis né.e ?

- Et bien, c'est très simple : «Maman 1» et «maman 2», ou inversement, ont demandé à une autre personne cisgenre binaire de te fabriquer pour notre usage personnel, en échange d'argent. Ton géniteur biologique, autrefois appelé « Papa », est mort 5 ans avant que ta naissance. Il n’est même pas au courant que tu existes. Au fait : tu n'es ni un garçon, ni une fille : à toi de te définir.

•

Après avoir adulé la virilité, notre société l'exècre. Imaginez l'homme de Verdun dire aux Schleus : « Mais je ne suis pas un homme, monsieur. Je suis non-binaire !».

•

Je suis inquiet pour notre société. Le progressisme dominant prône le respect et la tolérance, mais ses adeptes se comportent en petits dictateurs de la pensée, accusateurs et donneurs de leçons face à ceux qui ne pensent pas comme eux. Ils sont la principale source des difficultés que rencontre notre pays.

•

Cinquante ans de chienlit pro-communiste, pro-palestinienne, anti-tout. Gagner la bataille des idées est le préalable à tout renversement politique pérenne. L'héritage idéologique de mai 68 doit être définitivement soldé.

Féminisme outrancier

Le féminisme contemporain succède au machisme. En imposant leurs lubies idéologiques, ces féministes inaugurent la suprématie de la Femme sur les femmes. Elles ne combattent pas « l'oppression patriarcale » pour les libérer, mais pour s'y substituer sans leur consentement.

•

Des féministes hystériques veulent maintenant « pisser debout ». Après l'égalité des droits, elles veulent celle des attributs.

•

Le burkini est une insulte au combat mené chaque jour par les femmes arabo-musulmanes qui veulent se libérer d'un voile aliénant.

•

Chaque jour, des sous-hommes battent leur femme qui finit trop souvent par en mourir. Voici un véritable et noble combat à mener par les féministes, pourtant trop occupées à compter les poils sous leurs aisselles ou à promouvoir l'écriture inclusive.

•

Ce féminisme qui émascule l'homme par extrémisme égalitariste est un fléau pour son propre combat. L'homme n'est ni l'égal, ni l'ennemi de la femme, mais son complément et son allié dans les causes justes.

•

L'égalitarisme homme-femme tend à nous être imposé par les élites, mais fonctionne-t-il dans les deux sens ?

- Magistrature = 64 % de femmes ;
- Soins infirmiers =72 % ;
- Enseignement = 66 % ;

- Enfance = 98 % ;
- Coiffure = 88 % ;
- Vente = 75 % ;
- Secrétariat = 98 % ;
- Comptabilité = 85 % .

•

Une femme violée par sept hommes est condamnée à deux cents coups de fouet en Arabie Saoudite. Les féministes occidentales, refusant de s'insurger devant ce genre d'atrocités, préparent le terrain de la charia en Europe.

•

Le féminisme devient outrancier pour défendre des caprices puérils, mais se révèle incapable de blâmer les conséquences du multiculturalisme rétrograde pour le droit des femmes. Il semble pourtant être porté en religion par les médias, sa critique relevant d'un nouveau délit de blasphème.

•

En voulant imposer à la société l'idée que le voile islamique est un signe d'émancipation ou que le mot « mademoiselle » est une insupportable oppression patriarcale, les féministes se présentent en ennemies des femmes.

•

La « non-mixité » que les ultra-féministes veulent imposer à notre société flatte l'un des préceptes les plus prégnants en islam : la séparation des hommes et des femmes qui est stipulée dans le Coran et qui s'impose dans les sphères publique et privée.

•

Les féministes outrancières sont promises au même destin que les syndicalistes. Jadis, ils libéraient nos aïeux d'une société inéquitable et liberticide, mais désormais, leurs folles revendications égalitaristes font plonger notre société post-industrielle dans de nouveaux abîmes aux antipodes de ce que défendaient leurs prédécesseurs.

•

Le féminisme occidental appelle au port du poil. Au même moment, les féministes iraniennes se battent contre le port du voile.

•

Sous la plume des hystériques du féminisme castrateur, le patrimoine devient le « matrimoine ». Mais les mêmes s'amusent qu'un homme exerçant ce métier soit toujours appelé « sage-femme ».

•

Le bonheur des converties à l'islam : « Nous sommes passées par des mouvements marxistes, antifascistes, féministes ». En effet, la boucle est bouclée.

•

L'afro-féminisme est un poison excluant pour les femmes françaises noires. Victimisation, réécriture de l'Histoire, oppression fantasmée, ethnocentrisme… Ce féminisme ethnique place la couleur de peau au centre du débat pour dissimuler son propre racisme.

•

Un regard, une parole, un geste... Tout est devenu agression sexuelle sous le regard du féminisme outrancier. Il banalise ainsi le viol dont l'horreur s'évanouit devant les violentes hyperboles que ses représentantes utilisent pour dénoncer les blagues potaches et la drague lourdingue. Leur hystérie accusatrice les aveugle et dessert les femmes victimes.

•

Propagande islamique et féministe du planning familial des Bouches-du-Rhône : « Le voile peut donner du pouvoir aux femmes ». Quid de la lapidation ?

•

Le féminisme, lorsqu'il est outrancier et futile, devient l'ennemi de la Femme et de la féminité.

Novlangue, terrorisme intellectuel et déni du réel

La Novlangue nous asservit. Se l'approprier nous lave de tout soupçon de déviance, mais utiliser les mots interdits nous vaut des tombereaux d'injures et de procès en *-isme*. Pour combattre ce fascisme des mots, il faut réapprendre à parler sans filtre.

•

La censure dans un État totalitaire est transparente. La fonction de censeur existe officiellement : il supprime ce qui ne convient pas au discours officiel. En France, elle s'opère dans une obscurité qui prend des allures de transparence. C'est sous couvert de démocratie que le juge s'est saisi de cette fonction, repoussant pourtant chaque jour les frontières du pouvoir judiciaire sur les prérogatives du pouvoir législatif.

•

Dans la bouche de celui qui accuse, le mot « climato-sceptique » est à l'écologie ce que le mot « raciste » est à la politique : il permet de faire l'économie d'un débat de fond avec un détracteur potentiellement gênant, en jetant sur lui l'opprobre par l'usage inéquitable de cette arme de discréditation massive.

•

L'expression « fake news » aura bientôt la même finalité que les mots « fasciste » ou « nazi » pour salir l'adversaire à peu de frais, tuant le débat dans l'œuf en décrédibilisation d'adversaire ainsi soupçonné de crime de lèse-Vérité.

•

La désinformation, l'intox et la propagande sont généralement utilisées en temps de guerre pour tromper l'opinion publique ennemie. En temps de paix, elles sont le signe d'une tentation totalitaire d'un État qui manipule son propre peuple. Sommes-nous toujours en temps de paix ?

•

Le climato-scepticisme est une approche écologiste raisonnable qui oppose le dogme à la raison et permet de traiter sereinement, efficacement les enjeux des prochaines décennies. Il est cependant nécessaire de donner ses lettres de noblesse à ce néologisme dévoyé dès sa conception par un détournement sémantique qui fait passer le sceptique pour un septique.

•

Nous vivons sous le joug de l'indignation permanente. Elle oppresse quiconque s'étonnera des non-sens ou s'élèvera contre l'ubuesque et harcèle les rétifs aux bouleversements sociétaux imposés par les communautarismes. La minorité nous dicte que l'anormal doit devenir la norme, et que la normalité est désormais oppressante, discriminante, insultante.

•

Selon la justice, ce chanteur d'origine camerounaise qui appelle à « pendre les Blancs » n'a pas commis d'incitation à la haine raciale. Ses propos sont pourtant équivoques : « Je rentre dans des crèches, je tue des bébés blancs, attrapez-les vite et pendez leurs parents, écartelez-les pour passer le temps, divertir les enfants noirs de tous âges petits et grands, fouettez-les forts faites le franchement ». À l'inverse, Eric Zemmour a été condamné sur la base de ce même motif pour avoir déclaré que « les musulmans ont leur code civil, c'est le Coran ». Ce dernier devrait songer à devenir artiste.

•

Ne pas dire « égorgé », dire « blessé mortellement au cou » ; ne pas dire « immigré clandestin », dire « primo-arrivant » ; ne pas dire « Grand Remplacement ». Surtout, ne pas le dire.

•

Les combattants français de la Grande Guerre, qui croyaient naïvement en être les protagonistes essentiels, seraient bien surpris de constater, un siècle après avoir été sacrifiés, que l'apogée des célébrations du 11 novembre serait couronnée d'un chant africain interprété par une artiste ouvertement hostile au Président des États-Unis d'Amérique.

•

L'auto-racisme, qui consiste à consacrer la détestation de soi en fustigeant sa propre identité ethnique et culturelle, est le stade terminal de l'anti-racisme.

•

Le 16 octobre 1793, l'accusateur public Fouquier-Tinville porte les pires accusations, toutes infondées, pour faire exécuter Marie-Antoinette. Ce sont ses héritiers politiques qui, aujourd'hui, mettent au ban de la société quiconque s'élève contre l'idéologie dominante, puisqu'ils en sont les garants autant que les bénéficiaires.

•

On assassine notre culture populaire sur l'autel de la mièvrerie bien-pensante.

•

Pour lutter contre les meurtres violents d'enfants allemands par des migrants, un politicien écologiste allemand propose de réduire la vitesse des trains arrivant en gare. Circonvolution autour du réel, épisode numéro 1910.

•

L'attentat de Villeurbanne par un immigré clandestin afghan, en 2019, consacre une nouvelle rhétorique plus insupportable que l'inversion victimaire : victimiser l'agresseur en ignorant jusqu'à l'existence de la victime. Trop de médias maquillent le réel, pensant se prémunir de ses funestes conséquences. Leur angélisme est criminel.

•

Cinq millions de pauvres en France, mais les belles âmes progressistes ne pensent à venir en aide qu'aux migrants. Leur bonté est sélective et n'a rien d'authentique. Elle garantit un certificat de bonne vertu indispensable au bien-être social de ces lâches moralisateurs.

•

Inversion des valeurs par la commémoration : pour nos dirigeants, célébrer nos victoires militaires est un affront pour les autres. Il ne faut donc plus le faire. Mais célébrer nos défaites favorise le « vivre-ensemble », au prix de la soumission mémorielle. Sous l'ère de la couardise progressiste, Austerlitz est banni, Waterloo devient sacré.

•

La presse pusillanime accuse les réfractaires à l'idéologie dominante de racisme quand ils le dénoncent ; de faire preuve d’extrémisme quand ils le combattent pourtant, et de récupération politique quand l'actualité leur donne malheureusement raison.

•

L'inversion des valeurs est un fondement de la propagande médiatico-politique. Inverser les réalités et les affirmer avec force pour convaincre: c'est ainsi que les médias nous manipulent.

Médiacratie

Médiacratie : Donald Trump a été élu démocratiquement, mais les médias contestent sa légitimité chaque jour. Emmanuel Macron a été élu médiatiquement et chacune de ses interventions est célébrée par la presse flagorneuse.

•

Quelle est la seule discrimination insidieusement pratiquée en France et légitimée par de nombreux journalistes ? Celle que subit tout individu « non-progressiste » dans ses relations sociales, son travail, sa liberté d'expression.

•

Clément Méric est un symbole, celui de la manipulation des médias qui amalgament les sympathisants de droite avec des Skinheads, celui de la victimisation de l'extrême-gauche qui dissimule sa propre violence pour mieux accabler ses opposants politiques.

•

Minimiser les faits, rendre la racaille sympathique et la victimiser. Le comportement de certains journalistes est totalement irresponsable en ce qu'il attise les rancœurs et le sentiment d'injustice en maquillant le réel.

•

Depuis les manifestations des Gilets Jaunes, les médias et le gouvernement ne considèrent plus les forces de l'ordre comme des agresseurs. Mais dès la prochaine émeute de banlieues, ce traitement de faveur médiatique disparaîtra au profit de la racaille décrite en victime d'un prétendu « fascisme policier ».

•

Les médias et les politiques donnent toujours de jolis surnoms aux révolutions dans les pays étrangers : Révolution Orange, Révolution des

Coquelicots, Révolutions des Jasmins,... Mais alors qu'un grand mouvement populaire est initié par des Français hostiles au pouvoir, il n'est nullement question de « Révolution Jaune » dans la presse : leur appel au secours n'a reçu que mépris et moqueries.

•

Je songe parfois au temps où l'information était diffusée par un seul journal télévisé et quelques titres de presse. La désinformation y était moins décelable, mais sa révélation faisait immanquablement scandale. Nous vivons dans une époque diamétralement opposée, nocive, dans laquelle le foisonnement médiatique et les détournements sémantiques consacrent le règne de l'hébétude.

•

Les médias s'émeuvent d'être critiqués par le grand public. Leur crédibilité repose pourtant sur la mise en œuvre de trois vertus fondamentales : l'impartialité, la capacité à se remettre publiquement en question et l'honnêteté intellectuelle. Ils disposent donc d'une confortable marge de progression.

•

La censure sur les réseaux sociaux s'organise. La presse clandestine a toutes les raisons de renaître de ses cendres.

•

Certains journalistes exècrent le mot « race », mais se plaisent à raciser tout fait sociétal pourvu que le coupable d'une affaire ait la peau blanche et que l'article serve à « casser les clichés » qu'ils aiment pourtant fabriquer.

•

Notre peuple s'est asservi à une caste médiatique qui guide ses décisions. Résultat : il a élu un président qui le méprise, l'insulte, le toise. Il serait plus judicieux de s'en défaire que de s'en plaindre.

•

Les médias sont soumis au respect de la présomption d'innocence. Mais sous leur plume, les accusés deviennent des condamnés, mis au ban de la société par principe de précaution idéologique. Leur toute-puissance est une entrave à l'État de droit.

•

La posture victimaire est l'argument des médiocres, mais son efficacité est d'autant plus redoutable qu'elle est rendue légitime par la caste médiatico-politique.

•

À trop user de superlatifs pour asséner sa vérité, la majorité des médias renonce définitivement à être crédible.

•

Les Français veulent une presse objective, pas une presse militante.

En Marche forcée

Le Macronisme n'existe pas. C'est la Macronite qui affecte l'esprit de ceux qui prennent la France en otage de leur propre ambition.

•

La démocratie interne chez LREM, c'est comme la tolérance en islam : une duperie.

•

L'obsession du gouvernement progressiste et du système en place n'est pas d'améliorer le quotidien des Français, mais de faire « barrage au Rassemblement National ».

•

La France *En Marche*, ce pays qui met en prison les résistants et remet en liberté les délinquants. L'indépendance de la justice est une chimère.

•

La complexité administrative est un frein à l'esprit d'initiative : l'État doit laisser faire, mais ne rien laisser passer.

•

La flexisécurité que l'on veut imposer aux Français, c'est l'instabilité du présent conjuguée à l'imprévisibilité de l'avenir.

•

La France, ce sont 2 300 milliards d'euros de dette, 270 milliards de recette fiscale annuelle et a minima 3 % de déficit chaque année. Qui peut croire que notre dette sera remboursée un jour ?

•

Moins de chômage, mais plus de pauvreté. Voilà le modèle allemand que Macron veut imposer aux Français.

•

L'économie réelle devient marginale, laissant la place à des bulles financières qui ne demandent qu'à exploser. Il faut se préparer, sans céder à la panique, à une grave crise économique et énergétique mettant en péril notre système d'approvisionnement global.

•

Justice politisée, impuissante, laxiste, endoctrinée, partiale. Notre système judiciaire exècre la police tout comme le Français moyen qu'elle tient pour responsable de la marginalisation des délinquants allogènes dont il entretient le statut de victime. Cette machine à générer des iniquités est un incubateur de révolte populaire.

•

Mettre un terme au « tout-automobile » ? Fort bien. Mais le problème de ces ministres devenus Parisiens avec chauffeur, c'est qu'ils oublient trop vite qu'il n'existe pas de métro à Martigues, Béthune, Hermies ou Guéret. Et que chaque

Français ne dispose pas d’un véhicule avec chauffeur.

•

Macron veut réduire l'énergie nucléaire de moitié sans expliquer comment il veut la remplacer. Par un champ d’éoliennes ? Il faudrait en installer sur près de 25 000 km² pour couvrir les besoins actuels de notre pays, soit à peu près la superficie de la Lorraine.…

•

La loi contre les « fake news » est censée « protéger la vie démocratique en république». Tout comme le nom officiel de la Corée du Nord contient les mots *république* et *démocratique*. Vous me suivez ?

•

Les Français étaient lassés de Chirac, ils ont élu Sarkozy. Agacés par Sarkozy, ils ont choisi Hollande. Endormis par Hollande, ils ont adoubé son double cynique, Macron. Cette cyclothymie électorale garantie la stabilité d'un système au bord de l'effondrement, mais qui profite encore et toujours à ceux qui en tirent les ficelles.

•

Depuis les émeutes de 2005, plus de cinquante milliards d'euros ont êtes dépensés pour les banlieues. Dans le même temps, les Français ont perdu en moyenne cinq cents euros de pouvoir d'achat.

•

Peut-on réformer notre pays ? Oui, mais pas avec un Président élu grâce à des lobbies envers qui il a une dette.

•

Pour favoriser l'embauche, il faut réduire le coût de l'emploi, adapter les formations aux filières d'avenir. Pas paupériser les travailleurs.

•

Des millions de Français, qui pourtant travaillent, doivent tout payer sans aide sociale ou si peu. Beaucoup habitent dans des pavillons modestes et standardisés, loin des centres urbains, payent taxes et impôts, n'ont plus de loisirs, mangent mal. Le mouvement des Gilets Jaunes n’est que la partie visible d’un malaise social plus profond, destiné à perdurer.

•

Depuis 2005, les Français ont perdu cinq cents euros de pouvoir d'achat. Dans le même temps, la France est devenue championne d'Europe de la distribution de dividendes.

•

Le Bataclan est un sanctuaire, mais les foules s'y amusent toujours. Le 13 novembre est une date martyre, mais Macron a choisi de remettre la Légion d'honneur à l'équipe de France de football ce jour-là. Un peuple privé de la force des symboles est condamné à perdre son âme.

•

Loin d'assumer ses responsabilités, le Gouvernement a divisé les Français en attisant le clivage anti et pro-Gilets Jaunes sur fond d'injustice : laxiste face aux délinquants, oppresseur face aux citoyens ordinaires.

•

En Marche, c'est du marketing, pas de la politique.

•

Macron a gagné l'élection en agitant l'illusion d'un engouement populaire fabriqué de toutes pièces. Ce matraquage publicitaire a été assuré par les médias, ce qui n'apparaît d’ailleurs nulle part dans ses comptes de campagne.

•

LREM, le parti d'Emmanuel Macron, n'a pas de fondement idéologique et n'a pas recomposé l'échiquier politique. Il l'a phagocyté en attirant les opportunistes, les girouettes et les crédules. Les premiers servent leurs propres intérêts, les autres servent celui d'un ambitieux. Qui sert la France ?

DÉSUNION EUROPÉENNE

Nous n'avons pour ainsi dire plus de frontières, plus de monnaie nationale, plus d'armée, plus de gouvernants. Nos lois sont celles de l'Union européenne, nos traditions sont dénigrées, notre Peuple est dilué, notre langue massacrée. Divagations réactionnaires ou triste réalité ?

•

Le couple franco-allemand est mort. Il ne subsiste qu'une relation de maître à élève dans laquelle l'Allemagne s’ingère davantage qu’elle ne suggère.

•

La technocratie de l'Union européenne sévit jusque dans nos campagnes. Elle transforme nos villages, lieux de vie millénaires, en chambres d'enregistrement administratives sous la tutelle de multiples intercommunalités qui s'éloignent, à mesure qu'elles se confortent, de la réalité des territoires et des terroirs.

•

La « souveraineté européenne » est un dangereux oxymore utilisé pour se substituer à celle, légitime et historique, de la France.

•

Les technocrates de Bruxelles et les lobbies qui les nourrissent rêvent d'une justice qui ne serait plus rendue « au nom du peuple français », mais au nom d'une autorité supérieure illégitime dont ils s'estiment dépositaires.

•

L'Union européenne et Macron, son valet servile, continuent à imposer aux Français la cohabitation forcée avec des clandestins à qui il n'y aucune destinée commune à offrir.

•

L'Union européenne coûte très cher à la France.
- Dépenses pour l'immigration : (+800 % en 10 ans) ;
- Contribution nette au fonctionnement : (+1100 % depuis 2000) ;
- Concurrence déloyale des pays tiers ;
- Aide aux agriculteurs en baisse.

•

La France doit se lancer dans un plan de reconquête industrielle massif au risque de devenir un « pays-musée » d'ici quelques décennies.

•

Depuis le référendum de 2005, l'Union européenne se construit contre la volonté des peuples. Les gouvernants nationaux sont devenus des acteurs, et les peuples des figurants d'un simulacre de démocratie.

•

L'Union européenne considère que défendre ses frontières contre l'invasion migratoire est un crime. L'Europe mérite définitivement mieux que l'UE.

•

La seule option, c'est l'Europe des nations.

•

Destitution des institutions

La démocratie meurt. Nous entrons dans l'ère de l'ochlocratie dans laquelle les masses manipulables, provoquées, nourries et téléguidées par les grands médias, véhiculent une idéologie progressiste fondée sur l'émotion, l'irrationnel et l'égalitarisme.

•

Nous serions en démocratie si l'opposition élue exerçait un véritable contre-pouvoir. Or, les assemblées nationales comme locales sont devenues des chambres d'enregistrement où l'on ne concède à l'opposant que le droit de manifester son indignation, d'autant plus véhémente que sa portée est stérile.

•

Tous les régimes qui ont fait la grandeur de la France étaient autoritaires. En cela, la politique de Macron est l'exception qui confirme la règle.

•

Les Gilets Jaunes ne s'en prenaient pas aux institutions, mais à ceux qui les ont investies.

•

Pour être crédible, l'homme politique doit être exemplaire. Son ambition personnelle doit pouvoir s'effacer devant l'intérêt général ; Il doit être capable d'agir et de se retirer le moment venu, même au détriment de sa propre carrière.

•

En politique, la loyauté doit être une vertu désintéressée. En faire l'instrument d'un marchandage électoral révèle les desseins de celui qui l'agite.

•

La politique retrouvera ses lettres de noblesse si elle cesse un jour d'être politicienne.

•

Un « État-nation » uni, fort et respecté. Voilà ce que fût jadis la France, aujourd'hui libanisée, son peuple fragmenté en communautés, sa langue bafouée, sa race diluée.

•

Quand le législatif s’aplatit devant l'exécutif, c'est la mort de la démocratie.

•

En démocratie, la critique du pouvoir est libre. Tellement libre qu'elle est prolifique. Tellement prolifique qu'elle en devient prolixe. Tellement prolixe qu'elle est inaudible. En démocratie, la critique du pouvoir est vaine.

•

AD HOMINEM

Emmanuel Macron ? Les mimiques de Sarkozy, le discours creux de Hollande, la feuille de route de Merkel.

•

Trump veut renvoyer l'homme sur la Lune avant la fin de son mandat. Macron devra la décrocher pour finir le sien.

•

Macron n'a pas de projet. Il n'a qu'une stratégie.

•

Journée du patrimoine. Qui a pensé à visiter Brigitte ?

•

La technique de Macron pour étouffer les affaires est aussi simple qu'efficace : faire dire tout et son contraire par ses sbires, l'infirmer puis le confirmer. Le poisson est noyé. Affaire suivante.

•

À se faire mousser jusqu'à l'ivresse, Macron est plus proche de Jupiler que de Jupiter !

•

Aurélien Tâché ne mérite pas son accent aigu.

•

Manuel Valls hué à Barcelone par des prostituées. Il a dû repartir sous escorte.

•

On connaît l'expression « l'ivresse du pouvoir ». Junker, c'était l'ivresse au pouvoir.

•

Jawad Bendaoud fait un lapsus étonnant lors de son procès en appel. « Si vous me condamnez, vous condamnez un coupable ». Sa bêtise confine au génie.

•

Les Français ont voté Macron par défaut, autant que par rejet de la classe politique. En pensant mettre du sang neuf au pouvoir, ils ont installé une redoutable machine à recycler les représentants de l’ « Ancien monde ».

•

Macron, affaibli politiquement, verse dans la démagogie la plus absurde. Elle consiste à faire croire que les peuples européens qui défendent aujourd’hui leur identité et leur souveraineté par amour des leurs sont les mêmes qui, hier, affichaient leur volonté hégémonique et exterminatrice par haine de l'autre.

•

Le visage de cire de Justin Trudeau symbolise la sombre dystopie progressiste qu’il impose au monde réel. Multiculturalisme et soumission à l'islam sont les deux piliers de son œuvre destructrice. La civilisation occidentale s'effrite et il en est l'un des plus félons artisans.

•

Christophe Castaner compare les Gilets jaunes aux Talibans. Il incarne à merveille ces « belles âmes » qui usent de comparaisons excessives, abusives pour combattre leurs adversaires politiques, quitte à perdre ce qui leur reste de crédibilité. C’est une coquille vide qui ne semble douée qu'à la polémique, occupant un poste à très haute responsabilité par péché d'orgueil et excès de flagornerie.

•

Le monde attendait un chef de file écologique charismatique, légitime et compétent. On vient de lui servir la jeune Greta Thunberg, grand chaman de l’écolo-catastrophisme manipulé par des parents irresponsables et par le capitalisme vert qui en ont fait leur marionnette.

•

Le plus impressionnant, c'est que la popularité d'Emmanuel Macron n’est pas encore descendue dix points sous celle de François Hollande.

•

Le sulfureux activiste africain et anticolonialiste Kémi Séba pourrait devenir un allié inattendu contre la submersion migratoire et l'islamisation de l'Occident. À suivre.

•

Emmanuel Macron semble vouloir dissoudre le peuple français dans un magma migratoire africain. Souhaite-t-il tuer l'âme de la France dont il nie l'existence d'une culture propre ? Il a été élu pour protéger nos intérêts, pas pour accélérer notre submersion démographique.

•

Macron veut offrir à l'Union européenne ce qu'il nous reste de souveraineté. En votant LREM, la France demeure le vassal de quelques technocrates au sein d'une Europe hyper-fédéralisée.

•

À défaut d'élégance, Sibeth Ndiaye doit faire preuve de sobriété. Les fonctions qui lui ont été confiées l'obligent.

•

Bernard Tapie dénonce l'« immigration mal maîtrisée » et l' islamisme après les avoir défendus toute sa vie durant. Ces chantres du vivre-ensemble, de l'immigration heureuse et de l'islamophilie béate finissent toujours par se repentir. Mais leur mal est fait.

•

« S'ils ont le dollar, nous avons Allah ». Un gouvernant qui convoque son Dieu en plein conflit diplomatique fanatise son Peuple. Erdogan est plus qu'un dictateur, c'est un Sultan dont les serviteurs prêchent la volonté à travers toute l'Europe, nonobstant leur nationalité de naissance ou d'acquisition. La Turquie d'Erdogan suit le chemin de l'Allemagne d'avant-guerre.

•

Emmanuel Macron veut « lutter contre les messages de HAINE et de PROPAGANDE » sur Internet et les réseaux sociaux. Ce concept volontairement flou permettra de supprimer arbitrairement les messages qui gênent le pouvoir. La purge a déjà commencé.

•

Macron met en garde contre les soi-disant « replis » nationaux qui réveillent une « forme de guerre civile européenne ». Or, ce sont la négation de la

Nation, l'immigration massive et l'islamisme qui portent les germes des conflits actuels et à venir.

•

Après l'avoir combattu, Christophe Castaner encense opportunément son rival Christian Estrosi avec qui il partage l'absence de conviction politique et un opportunisme décomplexé.

•

Trop souvent, Castaner s'enlise dans les sables mouvants de sa propre vacuité. C'est l'image de la fonction ministérielle qu'il incarne qui s'en trouve dégradée.

•

En qualifiant les Français de « Gaulois réfractaires », Macron ne se comporte pas en président élu, mais en administrateur commis d'office, étranger aux aspirations du peuple qu'il représente.

•

Hapsatou Sy, cette célèbre inconnue, a demandé la mise à mort médiatique d'Eric Zemmour. Elle illustre parfaitement cette génération de Français «

à la carte » qui exige, se plaint, accuse, mais ne supporte aucune critique, même constructive.

•

J'ai du respect pour Malek Boutih. Il est certes atteint de socialisme, mais fait preuve d'une lucidité sans faille sur la situation sociétale critique de notre pays face à la mollesse d'un Castaner « vivre-ensembliste ».

•

Je n'arrive pas à digérer la mort d'Adrien Perez à Grenoble. Je ne le connaissais pas, mais il aurait pu être un frère, un ami, un fils. Il aurait pu être vous ou moi. Le pleutre allogène qui lui a ôté la vie pour un mauvais regard sera libre dans quelques années et profitera de la sienne. Pas Adrien. Ne l'oublions jamais.

•

Le Pape François restera dans l'Histoire celui qui aura le plus abondamment nourri l'anticléricalisme.

•

Le terroriste Khamzat Azimov n'avait rien d'un Français. Sa patrie, c'était l'Oumma, sa constitution, le Coran, sa devise, tuer des mécréants. Oui, il existe des Français de papier.

•

Macron consacre le règne du faux. Sa campagne, son mouvement, son gouvernement sont des coquilles vides que les médias ont fait briller pour empêcher la France de reprendre son destin en main. Les Français doivent se libérer de leur joug ou se condamnent à sombrer.

•

Macron a été sacré « champion de la Terre » à New-York en 2018. Qu'un président de la République française accepte ce genre de flatterie ridicule est le signe de son inconsistance.

•

Macron règne avec des ministres dociles et des députés aux ordres élus par des Français crédules. La « démocrature » nous guette.

•

Macron veut « plus de *startupeurs* issus de la diversité. » Pourtant, seuls le potentiel et la compétence doivent compter, le reste n'est que discrimination.

•

Emmanuel Macron, premier président francophobe.

•

Les chanteurs américains Jay-Z et Beyonce privatisent le Louvre pour les besoins d'un clip : quand le raffinement occidental rencontre les hérauts de sa décadence…

•

Quand le président de la République moque les « mâles Blancs », prétendument incapables de comprendre le problème des banlieues, il donne du crédit aux théories racistes des Indigènes de la République. Incompréhensible, démagogique et dangereux.

•

Quand Mélenchon demandera la dissolution des milices « antifascistes » d'extrême-gauche qui saccagent tout sur leur passage, il commencera à devenir quelque peu crédible.

•

Apagogie positive : Trump a expulsé un ancien Nazi pour qu'il soit jugé en Allemagne. Obama ne l'avait pas fait. Trump serait pourtant un « fasciste » avéré. Moins qu'Obama qui n'avait pas expulsé ce Nazi pendant ses mandats ?

•

Jean-Luc Mélenchon n’est en réalité qu’un bourgeois socialiste qui s’est opportunément glissé dans le rôle du rebelle pour assouvir son égo.

Au pays du non-sens

L'Assemblée supprime le mot « race » de la constitution. Reste à supprimer le mot « guerre » et nous pourrons vivre en paix pour l'éternité.

•

Ils ont voulu détruire les frontières pour « abattre les murs » entre les peuples, mais voici qu'ils en construisent d'autres pour préserver nos libertés face à la Déferlante.

•

Être Français en France, c'est souvent se sentir étranger dans son propre pays.

•

Je suis favorable à davantage de diversité en équipe de France de football.

•

Je n'attends pas d'un politicien qu'il suscite l'adhésion par ses bonnes intentions, mais qu'il propose des mesures concrètes pour parvenir à les mettre en œuvre.

•

Pendant la crise des Gilets Jaunes , la France qui bosse a eu le droit à 90 000 CRS et à des blindés. Quand les banlieues frémissent, elles ont droit à un plan à cinq milliards d'euros.

•

Des blindés dans Paris ? La dernière fois qu'on en a vu, c'était pour le libérer, pas pour l'asservir.

•

Les arrestations préventives sont impossibles pour les islamistes « fichés S », mais le deviennent soudainement pour les Gilets Jaunes.

•

« Pour tenter de réduire les viols, les femmes sont priées de rester chez elle de jour comme de nuit »... Nous finirons par subir ce genre de déclaration absurde, ce n'est qu'une question de temps.

•

« On est chez nous ». Pour combien de temps encore ?

•

En Algérie, on refuse de voir flotter le drapeau français, même pour le tournage d'un film, mais en France, il faudrait accepter que le drapeau algérien soit brandi le soir de l'élection présidentielle ?

•

Lors des révoltes paysannes de 1358, des émeutiers entrèrent dans la maison d'un chevalier, le tournèrent au feu, et le rôtirent devant sa dame et ses enfants, qu'ils tueront par la suite. En 2019, les Gilets Jaunes demandaient simplement la démission de Macron. Cela semble assez raisonnable.

•

Alors la CGT, on fait élire Macron et maintenant, on manifeste contre sa politique ? Comédiens.

•

Avoir toujours raison est un art. Savoir reconnaître ses torts est une vertu. La plupart des politiciens sont des artistes vicieux.

•

Des soldats français sont régulièrement tués au Mali, reconnaissant. On leur envoie nos soldats, ils nous envoient leurs Mamoudou Gassama.

•

Il faut accompagner intelligemment et efficacement le développement de l'Afrique pour permettre aux Africains d'y demeurer paisiblement. Et rendre l'Europe aux Européens.

•

SURVIVRE-ENSEMBLE

L'expression « vivre-ensemble » renferme une terrible vérité, fataliste : l'impossible assimilation de nombreux étrangers dans le creuset national nous condamne à vivre avec des communautés distinctes de la nôtre, sans espoir de fusion. Le « vivre-ensemble » est un déni collectif imposé par la minorité progressiste qui nous emporte dans son inexorable chute.

Communostracisme

Les communautés sont d'abord des regroupements d'individus qui se protègent et revendiquent au sein d'une société qui leur est prétendument hostile. Devenues importantes, ces communautés imposent, exigent, rejettent à leur tour : c'est le communautarisme. Il combat l'exclusion mais finit invariablement par imposer ses propres règles, excluantes par nature, à la majorité. En définitive, le communautarisme est devenu un ostracisme, ce qu'il convient de nommer le «communostracisme».

•

Se revendiquer d'une communauté qui se détache de la nation est une fierté que certains arborent comme un acte de résistance, combattant en faveur du « droit à l'égalité ». C'est pourtant un acte de sécession. Le communautarisme est par nature excluant : il fragmente la Nation, fracture son peuple.

•

Si les races n'existent pas, selon notre constitution, les communautés racialisées existent. Combien de jeunes Français, Noirs ou de type maghrébin, se revendiquent d'abord d'une origine ethnique ou d'un pays au lieu de se déclarer Français en premier lieu ? C'est une forme d'auto-racisme excluant qui nourrit leur statut de victime auto-proclamée.

•

Construire toute son identité autour de sa sexualité est une chose pénible à admettre. S'inventer une sexualité, ses codes, son vocabulaire et prétendre que le bon sens des autres devient une pratique discriminatoire est une conduite antisociale proche de la psychopathie.

•

« Grossophobie », « LGBTophobie », ...L'onanisme intellectuel des communautaristes leur a permis de fabriquer une rhétorique oppressante pour combattre la prétendue oppression dont ils se disent victimes. Ils abusent de néologismes qui victimisent et accusent. Leur insatiable désir d'égalité se transforme en besoin de prééminence punitive.

•

Le communautarisme dessert ceux qu'il prétend défendre. À force de céder aux pressions communautaristes pour toujours plus d'égalité, c'est précisément l'effet inverse qui se produit : exclusion implicite, différenciations imposées et exhibition des communautés.

•

Porter le voile lors d'un entretien d'embauche, c'est afficher ses convictions religieuses au mépris de toute autre considération. Mais la critique de cette provocation communautariste devient un « comportement raciste, islamophobe » sous la plume de certains journalistes qui font de la victimisation leur fonds de commerce.

•

Un jour, quelqu'un m'a qualifié d'« homophobe cisgenre », « fragile » bénéficiant de « privilèges » du fait de ma couleur de peau blanche (sic). La rhétorique communautariste provoque plus de ravages sur les cerveaux que l'Éducation nationale.

•

Le communautarisme ethnico-religieux s'impose aujourd'hui via de vives revendications dont le droit à la différence, au mépris du mode de vie de son hôte. Autant de motifs de sécession qui pourraient aboutir, demain, à un conflit armé inter-ethnique, inter-communautaire.

•

Le communautarisme ethnique est un poison pour l'unité nationale. L'assimilation en est le remède. Le Grand Rapatriement, l'antidote.

•

Quand un pays légifère sur la condition sociétale des ultra-minorités tout en se laissant submerger par l'immigration, il déclare au monde qu'il est candidat à sa propre disparition.

•

Le voile n'est pas que l'expression de la religiosité des individus, c'est surtout un vecteur identitaire et prosélyte qui s'impose dans l'espace public.

•

Quand des « Blancs » sont exclus d'une réunion publique par un syndicat étudiant au motif de leur couleur de peau « privilégiée », démonstration est faite que le prétendu « anti-racisme » génère du racisme.

•

Dans les combats menés par le communautarisme contre la raison et nos libertés, l'arme la plus redoutable est celle de la victimisation. Lorsque cette stratégie ne fonctionne pas, les communautarismes appliquent une stratégie pernicieuse, mais efficace : l'inversion victimaire.

•

La France se délite. Elle se dissout lentement dans un magma multi-culturel, soumise aux exigences de communautarismes religieux, ethniques, sexuels auxquelles elle accède néanmoins pour démontrer au monde sa vertu et sa tolérance qui la caractérisent depuis 1789. Elle est victime du piège droit-de-l'hommiste qui en faisait sa fierté.

•

Refuser de vivre reclus, faire accepter sa différence, ne pas subir de discriminations est légitime et respectable. Imposer sa présence dans l'espace public, hystériser le débat, ostraciser ses détracteurs est illégitime et méprisable. Je dis « non » aux communautarismes.

Diversité heureuse

Si la diversité et le multiculturalisme sont une richesse à l'échelle du Monde, ils deviennent des poisons au sein de toute Nation qui prétend à l'unité, à la quiétude et à la survie.

•

Les codes culturels de la civilisation occidentale sont de plus en plus attribués à d’autres cultures sans qu’il ne soit politiquement ni socialement acceptable de s’en émouvoir. Ce phénomène relativement nouveau consiste à priver, contre leur gré, des individus de leur culture commune et la donnant en offrande au multiculturalisme, censé être le gage d’une paix sociale durable. Sa particularité est que cette forme d’appropriation culturelle n’émane pas, a priori, de la revendication d’un quelconque groupe de pression communautariste ethnique, politique ou religieux. Elle émane directement de décideurs appartenant à la culture objet de ce processus d’appropriation culturelle qu’ils offrent sur l’autel de la repentance perpétuelle et du multiculturalisme. Il s’agit selon moi d’un phénomène d' « expropriation culturelle », pénible et potentiellement traumatisant pour les occidentaux à qui l'on refuse le droit à la revendication identitaire.

L'« expropriation culturelle » participe ainsi la dissolution de la culture occidentale dans un magma interculturel mondial, appartenant à tous sauf à ses géniteurs.

•

Le « vivre-ensemble » signifie que les Français doivent s'adapter au mode de vie de leurs nouveaux concitoyens bien que le bon sens exige l'inverse.

•

Le « vivre-ensemble » est un cancer sociétal. Ses cellules communautaristes tuent le corps social. Inoculées par nos gouvernants qui méprisent le concept de Nation, elles sont d'autant plus protégées qu'elles sont capables de détruire la communauté nationale à force de divisions. Le « vivre-ensemble » est le meilleur atout des progressistes pour détruire le concept de nation qu'ils abhorrent.

•

Le projet multiculturaliste rend impossible la paix sociale puisque le «vivre-ensemble » n'est, en définitive, qu'une cohabitation forcée dont les conséquences seront funestes.

•

Il faut mettre un terme à la discrimination positive, particulièrement injuste et vexante, notamment pour ceux qui en bénéficient.

•

Ces « No-Borders », qui veulent abattre les frontières, sont les ennemis de la diversité qu'ils promeuvent. À quoi ressemblera le monde quand nous serons tous uniformisés ?

•

Le multiculturalisme détruit notre identité. Les valeurs « humanistes » sont l'alibi des immigrationnistes. L'anti-racisme est le nouveau racisme. La France est prise au piège de sa vertu, la même qui éclaira le siècle des Lumières et nous plonge désormais dans les plus sombres abîmes.

•

La paix sociale, édifiée sur les sables mouvants de la diversité heureuse, est un mensonge d'État. La société française se balkanise. Le conflit interethnique couve, nourri par le mouvement permanent de panislamisation dont l'Occident est la cible. Notre hésitation à réagir nous sera fatale.

PEUPLE AUTOCHTONE EN DANGER DE DISPARITION

Pour anéantir une civilisation, la puissance démographique est plus redoutable que la force nucléaire. Nous sommes en train de perdre la bataille démographique, irréversible par nature.

•

C'est la journée mondiale des réfugiés. Je pense aux Français qui deviennent étrangers dans leur propre pays, à ceux qui fuient les persécutions quotidiennes et silencieuses dans les territoires perdus de la République. L'immigration massive les efface sous les brimades des bien-pensants qui travestissent leur souffrance légitime en prétendu racisme.

•

Concomitamment à l'invasion migratoire, l'autre cause du Grand Remplacement de notre peuple est la faiblesse de sa régénération. Cette disette démographique est un accélérateur du Grand Remplacement.

•

La famille royale produit 3 344 tonnes de CO_2 par an, contre 20 tonnes en moyenne pour un Européen. Mais pour « sauver la planète », ils veulent « montrer l'exemple » en faisant moins d'enfants. L'Afrique, la Chine et l'Inde nous regardent, et se gaussent de nos coquetteries d'agonisants.

•

En France, ils se disent « frères ». En Afrique, ils seraient probablement ennemis mortels dans des conflits inter-ethniques, réglant leurs différends à coups de machette. Ces conflits se dérouleront en France quand tous nos garde-fous républicains auront sauté.

•

Histoire et anticipation de la démographie française :

-1750 : transition ;
-1860 : fin de la transition ;
-1920 : effondrement ;
-1950 : sursaut ;
-1960 : assaut allogène ;
-2020 : suicide en cours ;
-2100 : fin du Grand Remplacement.

Français de souche et assimilés, faîtes des enfants.

•

Tranquillement, l'INSEE confirme que le Grand Remplacement est en cours : les femmes immigrées font en moyenne 0,8 enfants de plus que les Françaises ; celles venant d’Afrique et du Maghreb, au moins deux fois plus.

•

Si l'immigration et l'islamisation sont les premiers dangers qui pèsent sur la France et l'Europe, ils sont d’abord la réponse à un appel d'air. Notre laxisme, notre permissivité et notre démographie en berne sont les premiers maux qu'il nous faut combattre.

•

Le péril démographique menace l'Europe. Surnatalité en Afrique, migrations sud-nord et taux de fécondité dramatiquement bas en Occident. Faites un rapide calcul et imaginez le visage de l'Europe dans 20, 30, 50 ans.

•

Je ne rêve pas d’une France 100 % Blanche. Je rêve d'une France 100 % française.

•

L'Humanité tient sa richesse de la diversité des races humaines. Dire que la race blanche est supérieure à toutes les autres est une bêtise. Prétendre qu'elle est coupable de tous les maux en est une autre. Affirmer qu'elle n'est pas en danger de disparition relève de la cécité.

•

Je préfère mille fois un Noir qui aime la France qu'un Blanc qui l'abhorre. Je préfère mille fois une France majoritairement Blanche qu'une France multiraciale.

•

L'acceptation de soi est le préalable à l'acceptation de l'Autre. Nier que l'Europe est fondamentalement, majoritairement blanche et de culture chrétienne relève du négationnisme. Nier que les Européens Blancs et chrétiens sont en danger de disparition sur leur propre terre, c'est être coquebin, pleutre ou complice.

•

Les navires *Ocean Viking*, *Open Arms*, *Lifeline*, *Alan Kurdi*, *Mare Jonio* ou *Sea Watch 3* n'ont rien du Mayflower, ce navire qui amena les premiers migrants européens sur le continent américain. Mais 400 ans plus tard, les autochtones amérindiens ne représentent plus que 0,9 % de la population. Un génocide passif, sournois, par substitution qui nous menace également. À ce détail près, que nos remplaçants n'apportent aucun modèle civilisationnel dans leurs bagages.

•

Notre défaite démographique, concomitante à l'invasion migratoire, sonnerait le glas de notre civilisation deux fois millénaire.

•

Quand l'autochtone s'adapte à l'allogène, l'assimilation fait place nette à la colonisation.

•

Nous sommes en train de mourir à vouloir trop jouir. Le renouvellement des générations, garant de la survie de notre civilisation, n'est plus assuré depuis 1970. L'Europe s'enfonce dans un hiver démographique, agonisant sous le soleil d'Afrique.

Péril migratoire

Selon le Larousse, le péril est un « danger constitué par une invasion, une domination potentielle ». Nous sommes donc menacés par un péril migratoire que nos gouvernants successifs ne cessent de nier et d'amplifier. Jusqu'à la submersion ?

•

Devenir Français était une fierté. C'est devenu une formalité.

•

Le simple fait de se demander ce qu'est « être Français » est symptomatique d'un peuple qui a perdu ses repères. Cette question devient pourtant légitime dans un pays qui comptera rapidement plus d'allogènes que d'autochtones.

•

Appartenir à une double culture peut être une richesse. Cependant, la détention de la double nationalité est une schizophrénie. S'il faut être fier de ses origines, la loyauté envers le pays d'accueil doit être totale, sans faille et ne saurait tolérer la moindre ambiguïté.

•

Jusque dans les années 1950, il était concevable d'assimiler les milliers d'immigrés qui s'installaient en France et aspiraient à devenir Français par fierté et amour de notre pays. Aujourd'hui, il est même devenu fastidieux d'assimiler la troisième génération issue de l'immigration. La disproportion migratoire est l'ennemie de l'assimilation républicaine.

•

Donner un prénom français à ses enfants était un réflexe naturel, une évidence, une fierté pour les immigrés européens du XXe siècle. L'immigration musulmane maintient avec force ses traditions et pratique trop souvent l'inversion accusatoire quand on lui demande un examen de conscience sur cette volonté de faire survivre une culture appartenant à un pays d'origine qu'ils ont pourtant abandonné.

•

67 millions d'habitants en France. Mais combien de Français ?

•

Refuser d'accueillir des migrants sur nos côtes, c'est faire preuve d'humanité pour les millions de candidats à la clandestinité à qui l'on évite une potentielle traversée dont l'issue pourrait leur être fatale.

•

Les migrants subsahariens doivent être secourus. Chez eux. Des milliers d'entre eux attendent aux portes de l'Europe et leur nombre les rend inassimilables. Ils représentent une menace démographique sérieuse pour notre civilisation.

•

L'angélisme aveugle des pro-migrants colle à ces derniers l'étiquette de gentils opprimés; mais sont-ce des médecins, des ingénieurs, des dentistes ou des évadés d'une prison africaine qui s'invitent dans notre voisinage ? Personne n'en sait rien, ce qui est d'autant plus inquiétant.

•

La maire de Calais, à propos des migrants :

- Septembre 2015 : « C'est une richesse culturelle » ;
- Février 2016 : « L'armée doit intervenir ».

•

« Boat-people » de 1972 contre migrants de 2019. Enfants, femmes, vieillards d’un côté, 75 % d'hommes jeunes et célibataires de l’autre.

•

En 2050, les Algériens seront plus nombreux que les Français et leurs difficultés politico-économiques devraient s'accroître. Nouvelles migrations massives vers la France détestée en perspective.

•

L'Afrique devrait compter 4,4 milliards d'habitants en 2100. Si rien n'est fait pour arrêter l'immigration de masse, notre civilisation disparaîtra sous l'effet de la submersion migratoire.

•

Le Maroc ne plaisante pas avec les migrants subsahariens. Arrestations massives, évacuations par autocar. Ils se dirigent donc ensuite vers un territoire beaucoup plus laxiste et accueillant : l'Europe.

•

En Allemagne, les migrants ont transféré 18 milliards d'euros vers leur pays d'origine en 2016.

En cas de colonisation, on parle de pillage des ressources. Et dans ce cas d'espèce ?

•

Au Maghreb, un policier tient en respect dix délinquants. En France, un délinquant tient en respect dix policiers.

•

En 50 ans, l'Afrique a reçu mille milliards d'euros d'aide. Résultats : corruption et engraissage des élites. Il faut mettre un terme aux aides publiques directes et accompagner directement les projets privés, sur place.

•

J'ai habité quelques mois en Bulgarie. C'est très peu, mais je voulais absolument m'intégrer. J'ai donc appris les rudiments de la langue bulgare, mangé bulgare, vécu bulgare. Je me suis imprégné de leur culture, littérature, histoire et traditions. Voilà le genre d'attitude que j'attends des étrangers qui veulent vivre chez nous, d'autant plus s'ils aspirent à devenir Français.

•

L'Algérie doit beaucoup à la France. À commencer par une ardoise de plusieurs millions d'euros à la Sécurité sociale.

•

La Turquie n'a pas sa place dans l'Union européenne, encore moins celle d'Erdogan. L'histoire de sa présence en Europe est celle d'une conquête armée, civilisationnelle. La Turquie, c'est l'Orient. Nous sommes l'Occident.

•

Un génocide des Blancs est en cours en Afrique du Sud, dans un déni qui succède à l'indifférence des médias. Viols, torture, massacres de masse, racisme d'Etat : ce sont eux les migrants qui devraient débarquer sur nos côtes pour recevoir l'asile.

•

Chaque année, dix milliards d'euros sont transférés vers l'étranger par les différentes diasporas vivant en France. C'est autant d'argent qui n'est pas injecté dans le circuit de consommation national, ce qui représente 0,5 point de croissance a minima. Il faut donc contrôler et limiter drastiquement ces transferts.

•

L'Etat dépense 34 millions d'euros par an pour héberger des immigrés clandestins pourtant expulsables. Avec cet argent, il pourrait loger les 72 000 SDF qui ne sont pas accueillis en centre d’accueil par manque de places disponibles. Frontières à néant, gabegie au tournant.

•

On ferme des classes dans nos villages, mais on ouvre des centres pour des migrants prétendument mineurs dont l'âge est invérifiable. On ferme des classes dans nos villages, mais on les dédouble en banlieue. Question simple, mais pertinente : pourquoi ?

•

Il n'y a pas trop d'aides sociales. Il y a trop de bénéficiaires allogènes.

•

- 12 juillet 1998 : célébration de la France « Black-Blanc-Beur » ;
- 6 octobre 2001 : le match France-Algérie dérape ;
- Automne 2005 : insurrection des banlieues ;
- 13 novembre 2015 : attentat du Bataclan ;
- 14 juillet 2016 : attentat de Nice ;
- 15 juillet 2018 : inauguration d’un nouveau cycle.

•

Imaginez. Vous êtes un touriste asiatique et vous débarquez en France avec des images d'Épinal plein la tête : béret, baguette, musette, châteaux, bons vins, fromages et accessoirement des Français dans les rues... Et puis vous arrivez gare du Nord à Paris.

•

Enfant, j'habitais un ancien coron où l'on vivait paisiblement parmi les veuves de mineurs polonais. Les boucheries chevalines y sont devenues Halal. Les mosquées bondées toisent des églises exsangues. De rares chevelures blondes rasent les murs de cette exclave fatalement devenue mahométane.

•

Des musulmans de Marseille se plaignent du manque de mosquées. Il serait plus légitime de se plaindre du manque de Marseillais.

•

- 1975 : les Comoriens déclarent leur indépendance de la France ;
- 2018 : ils violent toutes nos lois pour venir vivre à nouveau chez leur ancien « oppresseur », à Mayotte.

•

En 2005, les banlieues de France brûlaient suite à la mort accidentelle de deux « jeunes ». En 2018, nos gouvernants savent que si ce genre d'événement se reproduisait, la France serait au bord de la guérilla urbaine. Ils couvent un feu qu'ils pensent pouvoir maîtriser. Mais nous savons.

•

La Seine-Saint-Denis, un département français ?
- 50 % d'immigrés légaux et illégaux sur les 1,6 millions d'habitants que compte le département ;
- 88 % de la population est d'origine immigrée dans certaines communes. En 1999, quand la guerre du Kosovo éclate en Serbie pour sa sécession, il était composé à 88 % de non-Serbes.

•

Un jour, la basilique de Saint-Denis, éminent symbole de notre histoire, deviendra une mosquée dans un département musulman. Les fossoyeurs progressistes applaudiront au nom de la tolérance à sens unique et d'un « vivre-ensemble » qui n'existe pas, qui n'a jamais existé. Nous serons devenus des dhimmis sur la terre de nos ancêtres. Ce processus est presque achevé.

•

Certaines villes et banlieues de France se disent abandonnées. Elles ne le sont pas, mais elles sont perdues. La question n'est plus de savoir « si », mais « quand » elles exigeront regroupement, autonomie, indépendance puis sécession.

•

Paris, la ville lumière, n'est plus que l'ombre d'elle-même, surpeuplée de privilégiés donneurs de leçons qui idéalisent leurs nouveaux voisins allogènes, tant revanchards qu'exigeants.

•

Au Kosovo, la population serbe est passée de 70 % à 3 %, laissant la place aux Albano-musulmans. Hier au Kosovo, aujourd'hui à Mayotte, demain en France métropolitaine. Réveillez-vous.

Déséquilibrisme islamiste

La France subit tellement d' « attaques » commises par des « déséquilibrés » que la surveillance des islamistes fichés S devrait être confiée au ministère de la Santé.

•

Un assassin islamiste est systématiquement considéré par les médias comme « victime » souffrant d'un quelconque « déséquilibre ». Celui qui insulte cet assassin est considéré par les médias comme un réactionnaire « faisant le jeu des extrêmes ». Les médias se font-ils les complices des islamistes ?

•

Le Bataclan a quelque chose d'Oradour-sur-Glane: des innocents massacrés à l'aveugle au nom d'une idéologie mortifère.

•

Des policiers sont mis en joue avec des kalachnikovs dans une banlieue française. Dans un pays normalement gouverné, cette cité serait encerclée, ses caves vidées, les agresseurs sévèrement punis. Mais vous êtes davantage menacé par la justice si vous possédez une carabine 22LR non-déclarée en préfecture ou si vous déposez une tranche de jambon dans la boîte aux lettres d'une mosquée.

•

Le wahhabisme a été exporté à la demande des Occidentaux pour contrer l'URSS pendant la Guerre froide. Depuis, l'Arabie Saoudite injecte des milliards de pétrodollars dans des organisations islamiques à travers le monde, favorisant l'implantation de l'islam et des actes terroristes en Europe.

•

Défilé ultranationaliste turc en Belgique. Des enfants y paradent en tenue paramilitaire. Ces «Loups gris» sont les héritiers malheureux des «Fils de la louve».

•

Des murs autour de la tour Eiffel, du parlement autrichien : l'Europe se bunkerise. « C'est la guerre », martèlent nos gouvernants, mais l'ennemi n'est pas clairement identifié et personne ne riposte.

•

En Iran, une femme risque dix ans de prison si elle ne porte pas le hijab. En France, vous risquez un an de prison si vous critiquez une femme qui le porte.

•

Combattre le terrorisme, c'est aussi instaurer la rétention administrative des fichés S, sur le modèle israélien. Combattre le terrorisme, c'est sanctuariser le territoire national : expulser la menace, contrôler nos frontières.

•

Dans l'esprit des lâches, le terrorisme s'installe comme une funeste habitude dont ils pleurnichent les effets sans jamais en admettre les causes.

•

Le terrorisme islamiste en France se situe au stade larvaire. Demain, il sera tentaculaire, et il sera trop tard pour agir.

•

LES CINQ STADES DE L'ISLAMISATION

La catholicisme est une religion. L'islamisme est un plan de conquête.

La vocation ultime de l'islam est de se répandre sur le Monde.

Pour ce faire, il renforce son influence dans le pays à conquérir, appelé Dar al-Harb, le « domaine de la guerre », pour en faire une terre d'islam ou s'applique la loi islamique, la charia, appelée Dar al-Islam ou « domaine de la soumission à Dieu ».

Je distingue cinq stades qui décomposent le processus d'islamisation d'un pays.

D'abord, la *discrétion*, lorsque le nombre de fidèles vivant dans le pays ciblé est faible. Puis, la *victimisation*, pour appeler l'attention de la société hôte et de ses gouvernants sur les conditions prétendument dégradantes et discriminantes dont seraient victimes les croyants, encore minoritaires. Viennent ensuite les phases de *revendication*, les représentants du groupe religieux s'estimant fondés à exiger de son hôte des aménagements sociétaux, économiques, politiques et surtout religieux eu égard à leur importance démographique grandissante dans le pays d'accueil. Puis, à mesure que le poids démographique et politique de l'islam grandit, celle de l'*intimidation* et, in fine, de la *domination*. Totale.

Discrétion

L'islamisme n'est pas l'enfant terrible de l'islam. C'est son émanation la plus fidèle.

•

Défiance et victimisation : l'art de la duperie islamique.

•

L'uniforme de l'Occupant cache autant son visage que ses intentions, bien qu'il ne porte ni arme, ni brassard. En éternelle victime, il arbore le masque de la paix. Les crédules, les niais rêvent d'une nation plurielle. Les lucides, malmenés, sont des Cassandre dépeintes en chimères.

•

Il n'existe pas un islam, mais des islams. En France comme ailleurs, leurs divergences fratricides s'évaporent devant la nécessité d'une lutte commune pour répandre leur influence.

•

La concordance de l'islamisation et de l'immigration en Europe porte un nom : l'islamigration.

•

La langue arabe est indissociable de l'islam. Elle en est l’essence et son apprentissage est une obligation. Accueillir en grand nombre des populations immigrées et de confession musulmane, c'est accueillir une langue, un dogme, une religion, une communauté qui est par nature insoluble dans le creuset national. Il est possible d'assimiler des individus, pas des fragments de peuple.

VICTIMISATION

L'islamophobie se définit étymologiquement comme la peur ou la crainte de l'islam. En France, c’est donc un délit d'avoir peur.

•

Se faire appeler « Musulmans de France », revient à s'auto-exclure de la communauté nationale.

« Français musulmans » serait une appellation bien moins excluante. Encore faut-il le souhaiter.

•

Notre génération serait donc coupable des exactions soi-disant commises par nos aïeux: esclavage, morts en Algérie, colonisation ? Nous serions donc légitimes à demander un dédommagement aux Allemands pour leurs crimes pendants leurs guerres, aux Arabes pour leurs razzias, aux alliés pour avoir détruit nos villes. N'est-ce pas ridicule ?

•

Le principe de laïcité a été détourné de son esprit originel. Il est devenu la meilleure arme des islamistes pour se plaindre de discrimination et imposer leur dogme dans notre société.

•

Il serait vain d'opposer « islamophobie » et « francophobie ». Les Français s'enfermeraient dans un communautarisme qui les conduirait, in fine, à une situation minoritaire dans leur propre pays face à la multitude des communautés légitimées par un pouvoir fédéraliste.

•

Un canton suisse a voté à presque 70% pour l'interdiction du port de la burqa sur son territoire. Cette expression démocratique a bien sûr été qualifiée d'«islamophobe» par le communautarisme islamique en Suisse et par ses défenseurs progressistes.

•

Latifa Ibn Ziaten, nouvelle égérie de la laïcité, plébiscitée par nos élites au regard du drame terrible qu'elle a vécu, se présente néanmoins en hijab à toutes ses conférences. Elle nie la place de l'islam dans la mort de son fils par Merah. Cette ambiguïté gêne et pose question.

•

Se délivrer du voile islamique est un combat contre soi-même et contre une communauté qui ostracise aussi facilement qu'elle se plaint d'une prétendue exclusion de la communauté nationale.

•

Pour « combattre l'islamophobie » en France, les non-musulmans seront bientôt invités, puis sommés, puis contraints d'adapter tous les aspects de leur mode de vie à ceux des musulmans.

L'accélération des concessions faites à l'islam peut faire craindre que ce temps est proche.

Revendication

En Occident, le hijab est le plus souvent porté par des femmes victimes ou provocatrices. Dans tous les cas, c'est la marque d'un intégrisme religieux qui veut faire de la France une terre « Dâr al-islam ». Le voile islamique devrait être interdit dans l'espace public.

•

Sous l'Occupation allemande, les Français n'ont pas dû apprendre leur langue. Pourquoi nos enfants devraient-ils apprendre l'arabe à l'école ?

•

Certains veulent réécrire nos programmes scolaires pour intégrer le prétendu apport de l’islam à l’histoire de France. L'uchronie fait donc partie des armes utilisées par la propagande islamique pour nier notre passé, façonner notre présent et contrôler notre avenir.

•

Les « droits civiques » des femmes musulmanes consistent à pouvoir vivre sans la tutelle permanente d'un homme, porter des vêtements occidentaux, conduire seules, voter, manifester, critiquer. Les provocatrices pro-burkini font l'inverse et préparent le terrain à la charia.

•

La France subit plus de 6 000 mosquées, salles de prière, écoles coraniques, associations islamiques. A quel moment sera-t-il possible de parler publiquement d'islamisation, c'est-à-dire du processus de soumission collective à l'islam, sans être qualifié de « fasciste » ?

•

Sous prétexte de mieux le contrôler, la loi de 1905 sur la laïcité va être modifiée pour faciliter, en définitive, le développement de l'islam en France. Ce gouvernement de collaboration est mûr pour prendre ses quartiers dans l'Allier.

•

Le comité des droits de l'homme de l'ONU a estimé que la France est coupable de « violation de la liberté de manifester sa religion » et de «

discrimination envers les femmes musulmanes ». C'est un petit pas pour le voile, mais un grand pas pour l'islamisation.

•

L'islamisme commence dès l'école. Dans certains quartiers, des enfants refusent d'être assis à côté de camarades consommant de la viande de porc ou de dessiner des représentations humaines.

•

Le voile islamique est porté par des centaines de milliers de femmes en France. Le problème, c'est ce nombre conséquent. Il est le signe d'une évolution sociétale face à des pressions exogènes liberticides. Ce prosélytisme pernicieux, mais public et permanent, fragilise notre identité française, européenne, occidentale.

Intimidation

L'islam n'embrasse rien ni personne. Il soumet les âmes et les corps. Il se répand et phagocyte. Il détruit et aliène. La paix en islam n'est possible qu'en terre de Dar al-islam. Renoncer à lui dire non, c'est le début de la soumission.

•

L'islamisme avance ses pions en utilisant notre amour pour la liberté et notre passion pathologique pour la tolérance, marques de faiblesse qui mèneront à notre soumission.

•

Face au terrorisme islamiste, nos dirigeants préfèrent l'adaptation à l'éradication. C'est un choix criminel qu'il faut dénoncer et combattre.

•

Accepter le retour des djihadistes de nationalité française en France, c'est comme accepter le retour du mari volage au foyer : c'est répondre à la trahison par la soumission.

•

18 juin. Quelques lueurs vives rompent l'assourdissant silence de notre soumission à l'ennemi de l'intérieur. La France n'est pas occupée militairement, mais elle s'enlise dans une guérilla idéologique dans laquelle on ne rend pas les coups.

•

Le djihadiste Kamel Daoudi a été condamné pour terrorisme et déchu de la nationalité française. Pourtant, cet islamiste est toujours autorisé à vivre en France pour sa propre protection, au nom des droits de l'homme et avec votre argent.

•

Tolérance, paix et amour. Tout le monde peut se rendre à Lourdes. Mais seuls les musulmans sont autorisés à se rendre à La Mecque.

•

Bougies, slogans, fleurs, drapeaux... Réagir perpétuellement à un attentat islamiste comme on le ferait après une catastrophe naturelle, c’est une seconde défaite.

•

La France, fille aînée de l'église, ne deviendra pas la petite-nièce de l'islam. Elle est déjà sa gourgandine servile, réduite à la permissivité de ses dirigeants, devenus son geôlier.

•

Trop de prélats s'offrent en caution morale à des islamistes notoires. Ces frileux bien-pensants trahissent la religion catholique et ses fidèles. Leur couardise accélère l'islamisation de la France.

•

+ 245% d'actes anti-chrétiens en huit ans ; forte diminution des actes islamophobes dans le même temps. Qui est victime d'intolérance religieuse ?

•

La mondialisation nous a fait perdre nos repères culturels, nos traditions rythmées par le calendrier chrétien depuis des siècles. Cette standardisation de nos modes de vie est pourtant à son tour en danger. L'islam est en train de modeler notre société selon son dogme. À défaut de réaction rapide et adaptée, nous serons bientôt sous son joug.

•

Il ne reste du catholicisme qu'une terre en friche où l'islam conquérant plante ses graines. Son fruit aura le goût âpre du totalitarisme religieux.

•

Au Mali, beaucoup de gens font le Ramadan non par amour de l'islam, mais par peur. Et en France ?

•

Ils voulaient croire que l'islam s'adapterait à la France, cela n'a pas fonctionné. Le rapport de force s’inversant, ils veulent désormais que la France s'adapte à l'islam et cela risque d'être un succès, pour le plus grand malheur des Français.

•

Pendant que les guerriers de l'islam se préparent, l'Occident vit dans le déni et les bons sentiments. L'Histoire se répète tragiquement.

•

Devenus esclaves du dogme multiculturaliste, trop de nos compatriotes sont allergiques à toute critique, même constructive, de l'immigration et de l'islam au point d'en devenir agressifs. Seuls les apostats de l'islam semblent susceptibles de les convaincre du risque que prend notre civilisation à encourager sa propagation.

•

Domination

Hier, on ne parlait pas d'islam. Aujourd'hui, on en parle beaucoup. Demain, on ne parlera plus que de cela. Après-demain, on en parlera plus : il sera devenu la norme.

•

L'islam est conquérant par nature. Penser que l'islam est une religion de paix et d'amour, c'est faire l'erreur de croire à une version très édulcorée et folklorique de cette religion. L'islam est avant tout un dogme politique dont la finalité ultime est la domination du monde.

•

Vouloir organiser l' « islam de France » est un leurre, une tromperie. L'islam est un système mondial organisé dans une communauté de croyants qui ne reconnaît ni les frontières, ni les nations, et n'a pas vocation à s'adapter, mais à soumettre.

•

De « Dâr ash-Shahâda » à « Dar al-Harb ». L'in-Sultan Erdogan demande à la diaspora turque de partir à la conquête politique de l'Europe. Il n'appelle pas les Turcs à s'assimiler à leur pays d'accueil, mais à y prendre le pouvoir.

•

Sous l'Occupation allemande, le départ de l'Occupant ne faisait aucun doute dans l'esprit de nos aïeux. Aujourd'hui, ce doute devrait tous nous hanter, nous terrifier.

•

AGIR OU PÉRIR

Parmi les plus grands périls qui nous guettent : l'islam, le Grand Remplacement, l'effondrement économique et écologique. Mais le pire d'entre tous est notre absence de courage et de détermination collectifs à les combattre.

Mise en garde

La France est en danger d'islam. Ne rien faire, c'est trahir nos aînés et condamner nos enfants.

•

Notre silence les encourage. Notre torpeur nous condamne.

•

Contrairement à ce que prétendent nos gouvernants, nous ne sommes pas en guerre contre l’islamisme. Pour faire la guerre, il faut deux camps déterminés à remporter la victoire. Or, il n'existe qu'un camp dans cette disposition d’esprit, celui d'en face. Tant que les Français se confineront dans leur zone de confort et se soumettront à l'idéologie progressiste, nous subirons.

•

Le sentiment national est le ciment d'un Peuple. Ne craignez-vous pas ces fissures qui courent sur la maison France ?

•

Le risque que les Français se fassent un jour justice eux-mêmes augmente à la mesure de l'incapacité de nos dirigeants à nommer et combattre le risque islamiste. Tout doit pourtant être mis en œuvre pour éviter la guerre qui couve.

•

Irak, Afghanistan, Lybie, Syrie... Les interventions occidentales en terre musulmane ont toutes eu la même conséquence : la progression de l'islamisme.

•

Le pire danger qui nous guette est la passivité de nos dirigeants face à la détermination islamiste. Sans fermeté, nous perdrons.

•

Le voile dans l'espace public est le porte-étendard de l'islamisme conquérant. Le tolérer est une forme de soumission. L'accepter, une régression. Le promouvoir, une trahison.

•

Face aux menaces et dans la tourmente, nos gouvernants nous bercent de mots. Mais sans changement radical et rapide, le Peuple sera contraint d'inaugurer l'ère des actes. Dans les deux cas, le chaos nous guette.

•

La France doit montrer son extrême fermeté face à la menace islamiste. Pour cet ennemi, les bougies et les dessins illustrent notre candeur et notre faiblesse.

•

Nos anciens ont connu la grandeur de la France. Nous vivons sa décadence. Nos enfants subiront les conséquences de son effondrement si nous échouons à la relever.

•

La France risque de devenir un État sans nation et finalement, de disparaître. Qu'aurez-vous fait pour tenter de la sauver ?

Le Grand Rapatriement

Le « Grand Rapatriement » est l'antidote du « Grand Remplacement ».

Il consiste à organiser le retour massif et pacifique de populations allogènes, notamment africaines, illégalement et légalement présentes sur notre sol; celles qui ont enfreint nos règles et celles qui, nonobstant leur qualité non-exclusive de français, ont clairement manifesté leur volonté de non-assimilation.

Le « Grand Rapatriement », par sa nature même, donnera lieu à de nombreuses *reductio ad hitlerum*, critiques proférées par les progressistes et les bonnes âmes par ailleurs souvent protégées des conséquences quotidiennes de l'immigration massive, à toutes les manipulations des esprits pour les convaincre de sa prétendue ignominie. C'est pourtant une démarche péniblement nécessaire à la sauvegarde de notre civilisation, dont la brutalité du principe est à la mesure de la violence migratoire que subit la France depuis près d'un demi-siècle.

En préalable à sa mise en œuvre devront être décidées la suppression drastique des pompes aspirantes de l'immigration puis l'application stricte de nos lois, opposables et à venir, pour provoquer l'inversion spontanée, accompagnée et imposée, dans certaines circonstances, des flux migratoires.

Ces mouvements spontanés de retour aux pays d'origine des populations extra-européennes seront accompagnés d'autres flux incités par des aides économiques au rapatriement définitif ainsi que de flux d'expulsions, sans espoir de retour au pays d'accueil, pour les auteurs de crimes et délits. Des millions d'individus n'ont rien à faire sur notre sol. Ils doivent en être expulsés.

Ces mesures ne répondent en aucun cas à une quelconque « haine de l'autre », à un racisme latent, ni à un repli sur soi, comme ne manqueront pas de l'affirmer les détracteurs du « Grand Rapatriement ». Elles sont destinées à préserver la civilisation occidentale de la submersion migratoire, principalement africaine, dans laquelle elle se dissout inexorablement. La mise en œuvre du « Grand Rapatriement » peut se réaslier partiellement à droit constant mais nécessitera une réforme constitutionnelle et le retour de la primauté du droit français sur le droit européen pour être pleinement réalisée.

Le « Grand Rapatriement » exigera par ailleurs un contrôle ferme de nos frontières et provoquera le bouleversement de nos habitudes de vie. Il aura en effet d'importantes conséquences, tant positives que négatives, sur notre économie, notre diplomatie, notre démographie, notre image à l'international, nos rapports sociaux, nos politiques urbaines. En France, en Europe, en Occident, le «Grand Rapatriement» demandera un effort de reconstruction collectif, ciment de notre renaissance commune. C'est le prix à payer pour la survie de notre civilisation, malmenée par une succession de décisions politiques permissives qui ont préparé le terrain à l'immigration submersive.

Ce droit à la survie est reconnu pour les peuples, les ethnies de la terre entière. Mais au nom d'une prétendue « oppression blanche », nous devrions accepter d'être remplacés, nous, simples héritiers d'une Europe jadis toute puissante, qui ne vivons que des subsides de l'Histoire ?

Le Grand Rapatriement est l'antidote du Grand Remplacement.

Il convient désormais d'en concevoir les justes, humaines mais fermes modalités pour ne pas confondre sauvegarde de notre civilisation et discrimination aveugle, raciale, arbitraire. Il ne s'agit pas de reconstituer une France 100% blanche, bien qu'elle doive très majoritairement le demeurer, mais d'aspirer à une France 100% française.

•

Il y a une différence entre se sentir chez soi et être chez soi. La seule vérité universelle est que lorsqu’on ne se sent pas chez soi, il faut partir et que lorsqu'on ne se sent plus chez soi, il faut résister...ou fuir.

•

La théorie du Grand Remplacement n'en est pas une. C'est le triste, mais courageux constat d'un phénomène qui effraie ceux qui en vivent les symptômes et révulse les aveuglés qui n’y voient qu’une théorie du complot raciste, farfelue voire suprémaciste (sic). Elle devrait pourtant faire réfléchir tout Français pourvu de bon sens ou, à défaut, de bons yeux.

•

Les Français ont étés chassés d'Algérie alors qu'ils y étaient chez eux. Depuis les années 1950, nous subissons une pression migratoire diamétralement opposée, en tous points. Il n'y a plus que deux issues : le Grand Rapatriement ou la fin de la France française. La France doit rapatrier d'urgence des millions d'individus qui n'ont rien à y faire, au risque que les Français, y compris ceux issus de l'immigration et qui sont parfaitement assimilés, ne deviennent rapidement étrangers dans leur propre pays.

•

Le Grand Remplacement ne doit pas être renversé dans le sang. Répondre au changement de population par l'horreur d'un conflit armé, c'est agir contre l'humanité. La seule réponse humaine et efficace au Grand Remplacement, c'est le Grand Rapatriement.

•

Le Grand Rapatriement peut principalement se faire sans grands efforts. La suppression des avantages sociaux, l'application stricte de nos lois, la tolérance zéro envers les délinquants étrangers, le développement des aides au retour, la fin du regroupement familial, du droit du sol sont des vecteurs importants de rapatriement pacifique.

•

Le Grand Rapatriement est un concept des plus humains. Il consiste à refuser d'accueillir chez soi tout individu qui s'invite dans votre maison, se sert dans le frigo, trouve la bouffe mauvaise et exige que vous changiez vos habitudes alimentaires, vestimentaires, religieuses dans son seul intérêt.

•

Le Grand Rapatriement peut s'accompagner d'aides directes au développement des pays dont les immigrés concernés sont originaires. Cette politique permettrait de contribuer à la réduction des migrations économiques que nous subissons.

•

Le Grand Rapatriement n'est en rien raciste, au sens dévoyé du terme. C'est une politique nécessaire à la sauvegarde de notre civilisation. La colonisation française a toujours respecté la culture et les traditions des peuples autochtones dont la richesse fait la beauté. Les expositions coloniales du XXème siècle en étaient la démonstration. Cependant, les nôtres sont bafouées, diluées, menacées dans notre propre pays pour finalement être niées, y compris par leurs dépositaires.

•

La pression migratoire n’a pour effet que de morceler notre société en communautarismes ethniques et religieux incompatibles. Il faut mettre un terme à ce processus de dissolution collective.

•

Le Grand Rapatriement est le seul antidote sérieux aux conséquences de l'immigration massive. La réduire repousse l'échéance de notre disparition. L'arrêter la repousse encore davantage, mais n'interrompt pas ses effets. L'inverser, voici notre seul salut.

•

L'heure des compromis est révolue. Celle des compromissions lui succède. Viendra l'heure des vives réactions qui, si elles tardent à être exprimées, seront supplantées par l'intolérance, les injustices et le sang. Le Grand Rapatriement doit se faire avec détermination dans un contexte maîtrisé, apaisé et pacifique pour éviter tout conflit armé.

•

L'inversion des flux migratoires est notre seul salut possible. À défaut, la civilisation européenne, subjuguée, disparaîtra dans quelques générations.

ESPÉRER, RÉSISTER

Je crois en la métapolitique. Remporter la bataille des idées est le préalable indispensable à la victoire politique. Elle se situe au-dessus des tergiversations de la politique politicienne dont elle ne partage pas les objectifs électoralistes. Il est donc primordial de restaurer l'autorité morale des intellectuels de droite. C'est l'un des plus importants chantiers que doivent mener les artisans de la métapolitique.

•

L'Union des Droites a un double sens. Retirez-lui une majuscule, et la voici l'objet d'un pugilat fratricide.

•

Nos adversaires, par paresse intellectuelle et mimétisme bêlant, tentent de tuer le débat dans l'œuf en nous accablant d'insultes en *-isme* qu'ils pensent légitimes et justifiées. La meilleure manière de les neutraliser n'est pas de vouloir convaincre, mais d'assumer nos positions avec force tout en mettant en lumière les contradictions de leurs déviances sectaires.

•

- Vercingetorix: -52 av.jc
- Jeanne d'Arc: 1429
- Napoléon: 1799
- Clémenceau: 1917

- De Gaulle: 1940
Et aujourd’hui, qui ?

La France ne peut souffrir durablement de querelles d'égo et n'a plus le luxe d'attendre l'Homme providentiel. Il faut donc agir vite pour son redressement, au prix de nécessaires compromissions pour le bien commun.

•

Ils ont mis leur vie en péril pour vaincre le nazisme. Devrons-nous mettre la nôtre en danger pour vaincre l'islamisme ? Je le crains.

•

Avant les invasions arabo-musulmanes au Maghreb, les Berbères vivaient en plaine. Ils se sont réfugiés en montagne. Avant, je vivais en plaine. Je me suis réfugié en montagne.

•

Chaque Français, chaque Européen devrait avoir lu le Coran. Non pas pour être touché par une révélation mystique, mais pour être averti. Tout y est écrit : conquête, soumission, destruction des libertés individuelles, esclavage...Voici ce qui nous attend si la charia s'applique en occident.

•

Dé-islamiser aujourd’hui. Capituler demain. Subir, toujours. Faîtes vos jeux.

•

Interdire l'islam semble impossible. Pourtant, le Japon, Cuba ou l'Angola mènent une politique très stricte vis-à-vis de l'islam, empêchant et refusant sa propagation. Pourquoi pas la France ?

•

La cécité du citadin est le symbole de sa passivité permissive face à l'islam. Sa seule issue face à la subite sécession: la sédition.

•

Quand les tours jumelles se sont écroulées avec ses milliers d'âmes broyées, j'ai subi. Quand d'autres islamistes ont fait saigner le Bataclan, j'ai subi. Quand j'ai appris qu'un rappeur islamiste allait s'y produire, j'ai agi.

•

Soulagement pour les victimes. Le « rappeur » Médine n'ira pas au Bataclan. C'est une victoire collective contre l'islamisme. Nous en aurons d'autres.

•

La commémoration du 19 mars est une infamie. Elle jette dans les poubelles de l'Histoire la mémoire des soldats français et harkis morts pour la France après cette date. Les Harkis, en particulier, subissent la double peine. Considérés comme des traîtres en Algérie, ils y risquent la mort. La France aurait dû en faire des héros, mais elle les a abandonnés. Cette faute doit être réparée, moralement et financièrement. Nous avons une dette morale envers ceux qui ont défendu puis choisi la France au péril de leur vie.

•

Vous aimez la France et notre modèle de civilisation ? Assumez vos convictions, ne craignez pas les procès en « *-isme* », soutenez vos idées à visage découvert, défendez notre modèle de civilisation, gaussez-vous de la liturgie progressiste, ne reculez pas devant les attaques *ad personam* et *ad hitlerum*. Défendez notre pays maintenant. Demain, il sera trop tard.

•

Souhaiter un « joyeux Noël » en France deviendra bientôt un acte militant, un réflexe identitaire, qui relèvera un jour de la provocation à la haine religieuse puis du blasphème si nous laissons faire les laïcards enragés qui préparent le terrain à l'islam.

•

Pour vaincre le terrorisme, la France doit se doter d'une importante force de Cyberdéfense pour agir en amont, notamment sur le Darknet.

•

Exprimer son amour de la France n'est toléré qu'à deux occasions. Lors de victoires sportives et après les attentats. En dehors de ces deux exceptions, il est honni, moqué, dénoncé.

•

La France doit faire preuve d'une fermeté sans faille contre la racaille allogène qui tue nos enfants pour un mauvais regard. Le meurtre d'Adrien Perez a démontré une nouvelle fois le sentiment d'impunité totale de ceux qui se victimisent pour nuire en toute décomplexion.

•

Chaque retour de voyage à l'étranger a été pour moi une révélation sur le niveau de submersion migratoire, d'islamisation de la France et d'ataraxie de nombreux Français devant cette désolation quotidienne.

Paradoxalement, voyager rend intolérant à notre réalité.

•

Autre Paradoxe. Après-guerre, les Résistants étaient couverts d'honneur. Certain(e)s ont fait carrière pour avoir combattu l'envahisseur ou feint de l’avoir fait. Avant-guerre, c'est parfaitement l'inverse. Ceux qui lui résistent sont insultés, marginalisés, moqués, parfois emprisonnés.

•

Bientôt, nous devrons en arriver là : pour sauvegarder notre liberté d’expression, menacée par les lois idéologiques, il ne faudra plus dire ni écrire ISLAM, mais MALIS ; MIGRANT, mais GRIMANT ; CORAN, mais NARCO, etc.

•

Nos aïeux, de sang ou de cœur, ont péri sur tant de champs de bataille pour entretenir la flamme de la France millénaire. Soyons dignes de leur héritage. Si l’Histoire devait sonner son glas dans les années qui viennent, je veux pouvoir regarder mes enfants en face et leur dire que je ne suis pas resté toutes ces années sans rien dire, sans rien faire, sans me battre pour leur avenir.

•

Nos aïeux nous ont légué un patrimoine culturel et moral que nous regardons dépérir. Le combat que nous devons mener est idéologique, mais son enjeu dépasse la somme de toutes les guerres que la France a menées. Il ne s'agit pas seulement de préserver un territoire, mais de sauver notre civilisation.

•

Pour reprendre la main sur notre pays en dérive, la solution est aussi simple que difficile à mettre en œuvre. La majorité silencieuse doit se libérer de l'oppression sociétale qui la menace d'un procès en racisme dès qu'elle s'exprime. Cela nécessite courage et coordination. Sortons de notre zone de confort.

•

La France s'est construite autour de la foi chrétienne, terreau d'un foisonnement culturel, architectural, sociétal dont nous sommes héritiers. Son avenir est entre les mains des Français. Elle ne mourra que s'ils l'abandonnent, se laissent remplacer et se soumettent.

• • •

«La Résistance est devenue l'expression de la France baîllonnée.

Il lui revient donc de préparer son avenir, qu'il s'agisse: de la Constitution; de l'immigration; de la question des minorités mal assimilées; de la vie culturelle (conscience morale, art presse); de l'économie et du rôle de l'État, des sanctions contre les fauteurs de la décadence, etc.»

Henri Michel, *Paris résistant*, 1982

ISBN : 9781709173141
Éditions Adoxa

Nom et domicile de l’imprimeur ou du producteur

Pays de production en cas d’impression à l’étranger.

Dépôt légal novembre 2019

Printed in Poland
by Amazon Fulfillment
Poland Sp. z o.o., Wrocław

56876042R00085